DE LA CERA AL
CRAYÓN

por Robin Nelson

ediciones Lerner / Minneapolis

Traducción al español: copyright © 2007 por
ediciones Lerner
Título original: From Wax to Crayon
Texto: copyright © 2003 por Lerner Publications
Company

La edición en español fue realizada por un equipo
de traductores nativos de español de translations.
com, empresa mundial dedicada a la traducción.

ediciones Lerner
Una división de Lerner Publishing Group
241 First Avenue North
Minneapolis, MN 55401 EUA

Dirección de Internet: www.lernerbooks.com

Library of Congress Cataloging-in-Publication Data

Nelson, Robin, 1971–
    [From wax to crayon. Spanish]
    De la cera al crayón / por Robin Nelson.
        p. cm. — (De principio a fin)
    ISBN-13: 978–0–8225–6493–5 (lib. bdg. : alk. paper)
    ISBN-10: 0–8225–6493–9 (lib. bdg. : alk. paper)
    1. Crayons—Juvenile literature. I. Title. II. Series.
TS1268.N4518 2007
741.2'3—dc22   2006007975

Fabricado en los Estados Unidos de América
2-52063-5433-12/9/2021

Las fotografías que aparecen en este libro son
cortesía de: © Photodisc, portada, pág. 3; fotografía
cortesía de Binney & Smith Inc., Crayola; los
diseños del galón y la serpentina son marcas
registradas; el arco iris y franjas de colores son una
marca registrada de Binney & Smith Inc., usada con
autorización, págs. 1 (todas), 5, 9, 11, 13, 15, 17,
19, 23; © Todd Strand/IPS, pág. 7; © Freightliner
Corporation/IPS, pág. 21.

Contenido

Yo coloreo con crayones.

¿Cómo se hacen?

Se derrite la cera.

Los crayones comienzan como cera transparente. La cera se convierte en crayones en una **fábrica**. La cera se calienta en grandes tanques. Se derrite y se convierte en un líquido pegajoso.

Se agrega el color.

Las tuberías llevan la cera transparente a muchos recipientes llamados **tanques**. Un trabajador les agrega color en polvo, llamado **pigmento**. En cada tanque se mezcla un color distinto.

Se moldea la cera.

La cera de color se vierte en un **molde**. El molde tiene muchos agujeros, y cada uno tiene la forma de un crayón. La cera llena los agujeros.

9

La cera se endurece.

Debajo del molde corre agua fría para enfriar la cera. Al enfriarse, la cera se endurece. Entonces se convierte en crayones.

11

Un trabajador revisa los crayones.

Los crayones se sacan del molde. Un trabajador revisa que los crayones no estén rotos ni astillados. Los crayones dañados se derriten y se moldean de nuevo.

13

Una máquina envuelve los crayones.

Los crayones se envían a una máquina que gira y los envuelve en un pedazo de papel, que es la **etiqueta**. La etiqueta indica el color del crayón.

15

Una máquina clasifica los crayones.

Los crayones del mismo color se alinean en las ranuras de una máquina clasificadora. La máquina clasifica los crayones en grupos. Cada grupo tiene crayones de distintos colores.

Los crayones se colocan en cajas.

Una máquina de embalaje coloca los grupos en cajas. Algunas cajas tienen pocos crayones. Otras tienen crayones de todos los colores que se hacen en la fábrica.

Los crayones se envían a las tiendas.

Un trabajador llena grandes cajas con los paquetes de crayones. Las cajas se cargan en un camión, y el camión lleva los crayones a las tiendas.

¡Dibujo con muchos colores!

Los crayones se compran en las tiendas. Mi caja de crayones tiene muchos colores. ¿Qué dibujaré ahora?

Glosario

etiqueta: papel con el nombre del color de un crayón

fábrica: edificio donde se producen cosas

molde: recipiente que da forma a los crayones

pigmento: polvo que da color a la cera

tanques: recipientes para derretir cera

Índice